Los días de Ellwood

MUSEO SALVAJE

Colección de poesía

Poetry Collection

WILD MUSEUM

Manuel Adrián López

LOS DÍAS DE ELLWOOD

Nueva York Poetry Press

Nueva York Poetry Press LLC
128 Madison Avenue, Oficina 2RN
New York, NY 10016, USA
Teléfono: +1(929)354-7778
nuevayork.poetrypress@gmail.com
www.nuevayorkpoetrypress.com

Los días de Ellwood
© 2020 Manuel Adrián López

© Prólogo:
Daniel Torres

© Contraportada:
Vladimir Guerrero

ISBN-13: 978-1-950474-63-9

© Colección *Museo Salvaje* vol. 4
(Homenaje a Olga Orozco)

© Concepto de colección y edición:
Marisa Russo

© Ciudad de edición:
Francisco Trejo

© Diseño de portada:
William Velásquez Vásquez

© Diseño de interiores:
Luis Rodríguez Romero

© Fotografías:
Manuel Adrián López

López, Manuel Adrián
Los días de Ellwood / Manuel Adrián López. 2da edi-- New York: Nueva York Poetry Press, 2020, 108 pp. 5.25" x 8".

1. Poesía cubana. 2. Poesía norteamericana. 3. Poesía latinoamericana.

Todos los derechos reservados. Esta publicación no puede ser reproducida, ni en todo ni en parte, ni registrada en o transmitida por, un sistema de recuperación de información, en electroóptico, por fotocopia, o cualquier otro, sin el permiso previo por escrito de la editorial, excepto en casos de citación breve en reseñas críticas y otros usos no comerciales permitidos por la ley de derechos de autor. Para solicitar permiso, contacte a la editora por correo electrónico: nuevayork.poetrypress@gmail.com

En un antiguo bosque habita el poeta

> Grande es para mí el canto de los bosques,
> más grande aún el coro de las ciudades,
> el negro coro de estas ciudades.
>
> THOMAS BERNHARD

En los versos de este libro del poeta cubano Manuel Adrián López rumia una bestia domesticada. Los árboles del bosque son la medicina que la tranquiliza para continuar esa manera de contener lo cuir, el sexilio, el placer, la seducción y el deseo en una cotidianidad reposada viendo los días pasar en la Calle Ellwood del alto Manhattan, a la altura de la 196 Oeste. Ellwood significa "from the old forest" y este sentido oculto inadvertidamente en los poemas va marcando la doble semántica, del nombre de la calle y "del antiguo bosque", a la luz de ese lugar donde habita el poeta de una manera metafórica y desde donde nos escribe o su punto de hablada: los días, la época de Ellwood o lo cotidiano en su día a día.

El poemario se estructura con el paso del tiempo en cuatro secciones que van en progresión: primavera, verano, otoño, invierno. A medida que el hablante lírico percibe la ciudad de Nueva York la va cifrando en sus versos como un flâneur o transeúnte, paseante o callejero poético que observa las calles, las aceras, y las personas para ir construyendo su propio espacio del sexilio: "Los observa con cautela/ cruzan miradas/ busca una pizca de miel/ en la picardía caribeña" porque "[t]odos llevan sus máscaras/ plumajes de regiones desconocidas... sus expresiones son un gran abanico". En medio de la urbe populosa, el hablante va buscando signos familiares de la isla reconociendo la diversidad de los habitantes de las calles neoyorquinas como un "gran abanico" diverso.

La soledad lo sobrecoge ("Quedar abandonado en pleno camino/ es su misión") aunque hay momentos de contacto con los otros, que, como él, buscan ese encuentro donde las pesadillas se hacen realidad por medio del deseo ("siempre vuelve a casa/ con los bolsillos desbordados/ de deseos incumplidos"). El amor como una imposibilidad se impone en buena parte del libro, aunque sigue una voz "que lo incita/ a perderse/ en el norte de la isla" de Manhattan. El deseo sexual le obsede en momentos en que es testigo mudo de la pasión de los otros ("¿A quiénes pertenecen los falos invasores?") al observar condones usados "sin saber quiénes fueron penetrados/ en las escaleras/ sin saber si lo disfrutaron/ en el parque, sin saber si fue a la fuerza".

A la hora de hablar de ese deseo cuir el lenguaje se torna enigmático en el poema "Ha sido atrapado como el unicornio", donde toma distancia, en un código decoroso que al final no lo es tanto, recurriendo a la tercera persona y eludiendo que el yo lírico nos cuente su hazaña directamente:

>Ha sido atrapado como el unicornio.
>Ha sentido las flechas
>hundiéndose en su piel.
>La sangre se ha derramado por sus piernas
>creando el mismo recorrido del semen
>después de los gemidos del cazador.

El acto amoroso como un asalto aparece bajo el velo de un unicornio cazado en medio de la violencia contenida de esa caza donde lo han atrapado, ha sido seducido, ha sentido el acto de la penetración en sus carnes y esas flechas hundiéndose en la piel. La sangre y el semen son como líquidos que destila el cuerpo penetrado o amado, contenido en el gemir del que asalta.

Aún en pleno siglo XXI, el sujeto poético es motivo del acoso de "los machos de la esquina" quienes quieren saber "sus posiciones/ a la hora de la cama". Y él quiere, a su vez, convertirse en un oso neoyorquino "habitante de los bosques.../ para evitar el rugir feroz de esos tigres/ hambrientos/ del roce de manos". Animalizando a los agresores como "tigres hambrientos" y convirtiéndose en "oso negro" puede enfrentar "la chabacanería". Curioso final de un poema donde inicia encendiendo "velas a diario" y ofreciendo "manzanas verdes para Buda". El conflicto del ying y el yang, del bien y el mal con sus contrastes no escapa a este rito para dar fin al verano. En otro poema, "Le llamaron 'pato' a los cuarenta y siete años", denuncia ese doble estándar de la homofobia interna de los machos caribeños que "solo llaman 'pato' a la luz del día/ y de lejos/ para que no reconozcan sus rostros/ de la noche anterior".

Otra constante en Los días de Ellwood de Manuel Adrián López es la mención de los espíritus: "La hora difícil ha dejado de ser/ la madrugada/ y el constante conversar/ de espíritus". Los observa en las calles, los presiente en el túnel de la 190 donde danzan. Son mudos testigos junto al poeta de lo que acontece en la ciudad y se establece una camaradería poética donde su presencia sirve de acicate o advertencia: "Han hablado los espíritus/ alertan sobre la salud/ del poeta que viaja con orejeras/ y escala la loma de la calle Bennett/ intentando conectarse/

con la poeta judía/ que se lanzó al vacío" y fue la última amante femenina de Allen Ginsberg. Lo esotérico de la comunicación con los poetas muertos permea aquí el poemario y hace un delicioso paréntesis intertextual porque todo poeta que escribe sobre Nueva York y en Nueva York dialoga por medio de una tradición y un talento individual, como pedía T.S. Eliot, con los otros poetas que han desvelado la ciudad en sus palabras. Manuel Adrián López en Los días de Ellwood escribe su Poeta en Nueva York como lo hizo Federico García Lorca en su momento. Y al hacerlo se inserta en esa tradición poética de los poemas de la ciudad. Ya José Martí había escrito su "Amor de ciudad grande" y sus crónicas fascinantes sobre la ciudad de Nueva York. López dialoga con todos ellos y continúa su manera particular de describir lo que significa ser un poeta cubano que vive en una calle del alto Manhattan tomándole el pulso a la urbe en su pasar del tiempo como un reloj: "Hablar del tic-tac interior/ sería desgastar el respiro/ que lento se extingue./ ¿A quién podrá interesarle tocar un hombre en ruina?". Y con esta pregunta retórica lanza una coartada para Aquél que se atreva a tocarlo.

Para hacerlo debe seguir la hoja de ruta que es Los días de Ellwood como una cartografía poética o un mapa perfecto que lo lleve al antiguo bosque donde habita el Poeta como una bestia domesticada, pero bestia, al fin y al cabo.

Daniel Torres, Ohio University

Lo que tengo por novedad no es novedoso,
es la novedad de la gota de agua.

RAFAEL CADENAS

Primavera

UNA BRISA SUTIL LE ROZÓ EL HOMBRO
al detenerse frente a los sangrientos tapices
en el preciso momento
que buscaba al culpable de semejante masacre.
Miró a su alrededor.
Se oyó el grito que emanaban
los textiles
goteando un rojo desteñido.
Celebraron con algarabía.
Turistas insensibles
ciegos ante el suplicio.
Vuelve el roce que ahora distingue:
esplendorosa crin del unicornio
antes de sucumbir.

QUIERE FLOTAR COMO EL HUDSON
igual a los restos de los cerezos
desplomándose en la orilla
o la basura que desechan
hombres de otras islas
que después de festejar
atropellan el verdor recibido.
Oh divinas aguas déjenlo flotar
aunque sean demasiado heladas
y estén pobladas de sueños
por visitantes
que han venido buscando un respiro
de la aniquilante nostalgia del trópico.

EVITA ACERAS ATESTADAS DE SILLAS PLEGABLES
y jugadores de dominó empedernidos.
Va en busca de un jardín
y al encuentro del cardenal que pertenece a la poeta.
Árboles que todavía no logra llamar
por sus nombres
escuchan sus conversaciones.
Las ramas se convierten en coristas
de piernas largas
y uniformes añil
cantando al unísono.
Un segundo sin ruido de bocinas
se convierte en monje
predica con sus versos
salpicando al exhibicionismo
que atolondra.

TODOS LLEVAN SUS RESPECTIVAS MÁSCARAS
plumajes de regiones desconocidas.
Visten de luto en el invierno
y desnudos transitan las calles
en los meses de verano.
Sus expresiones son un gran abanico.
Los observa con cautela
cruzan miradas
busca una pizca de miel
en la picardía caribeña.
Pide sin sonrojarse
una caridad
una tregua
perenne
hombre triste.

EN EL TÚNEL DE LA 190 DANZAN ESPÍRITUS.
Se regocijan al verlo pasar.
Lanzan pelotas de fuego
y al caer
se convierten
en ramilletes de humedad.
Los siente al subir.
Batalla con sus pasos torpes.
Serpientes insisten en derribarlo.
Le ofrece un abrazo silencioso
una bandera blanca remendada
las mordidas necesarias
en el empeine del pie derecho
y un grito que dice
"Es todo lo que me queda".

MANTIENE LA PENUMBRA ALLÍ DENTRO.
Esquiva las imágenes
que rebotan desde afuera:
senos apuntando como fúsiles
y cientos de pájaros desubicados
por el zumbido
de una música tormentosa.
No logra ver la niebla que lo calma
cuando se acumula sobre el río
ni el verdor que lo apacigua
en ausencia del océano.
Es arquitecto experto de sus alrededores.
Con un abrir y cerrar de persianas
fabrica ese entorno defectuoso
donde habitan puentes.
Puentes que cuelgan sumergidos
en la densidad de sus emociones
de una lucha por dominar
el uno al otro
ambos a sabiendas que serán desplomados
al menor descuido
al menor intento
de que alguno pretenda rebelarse.

TRES VENTANAS A LA IZQUIERDA
desde esa tribuna de desencantos
y efímeras caricias.
Quisiera adentrarse en los mundos
extraños que lo acechan:
la cocina que hierve menjunjes
de plantas moribundas
o la habitación polvorienta
donde cortinas simulan un parabán
y la sala de una anciana sorda
oyendo arias en italiano.
Son estrictamente tres películas continuas
distrayéndolo de su propia producción
donde el libreto se altera continuamente
sin encontrar un final.

NUNCA HA SIDO RECIBIDO POR TOPOS
reverenciándolo
al verlo pasar disfrazado
evitando mostrar la calvicie
ocultando piernas demasiado blancas
y brazos convertidos
en campos de peonías.
Va dejando respiros en las escaleras
se detiene al interrumpir el baño
del mapache sorprendido
y la siesta del desamparado
sepultado bajo los olmos.
Tropieza con un hombre de mirada penetrante
sombrero naranja
y ropa de ejercicio color plata.
El atleta nunca se detiene.
Quedar abandonado en pleno camino
es su misión.

LAS PESADILLAS SE HAN CONVERTIDO EN REALIDAD.
Se ve en una colchoneta inventada
por un artista que habla sin parar.
Inventor de barcos de papel
y percheros.
Su cuerpo huesudo lo abraza.
La semana anterior
el apretón
lo recibía de un negro fornido
que venía a rescatarlo en su motocicleta.
Abre la puerta con dificultad
pero siempre vuelve a casa
con los bolsillos desbordados
de deseos incumplidos.

CUESTIONA SU PRESENCIA
en la ciudad de estreno.
Viaja en el autobús
observando en silencio.
Dibuja rostros con tinta china
visualiza pestañas azabaches
y labios de rojo ópera.
Escribe versos para amantes
que nunca logra recordar.
Todo se extravía
en ese transcurrir de calles.
Se pellizca
se da una bofetada.
¿Será o no será un espíritu?

ASESINAN CON LA DESTREZA
de un respiro.
Son una plaga incapaz
de detenerse a recoger el papel extraviado
o la cerveza
que alguien dejó de florero en un banco.
Aplastan las florecillas silvestres
porque no saben sus nombres.
Gritan igual al pájaro
cuando el niño le lanza un flechazo.
Se han convertido en plaga infernal.
Expertos asesinos en serie.

EXISTE UN CAMINO CURVO
sin letreros
ni luces de bengala
anunciando un destino final.
Solo lo ha transitado una vez.
No logró penetrar su misterio.
Se detuvo en las afueras
con lilas y verdes
cegándolo
sintiéndose a la orilla del Shinano de Japón.
Le espera el sigilo del bosque
las cuevas heredadas de los Lenape
y una voz que lo incita
a perderse
en el norte de la isla.

QUISO SER NEBLINA UNA MAÑANA
confundir su silueta
de caminante y sombrilla negra
con el reflejo de las aguas.
Vio a una geisha asomarse
guiñarle un ojo
mientras extendía sus brazos
invitándolo a las turbias profundidades
de donde solo regresa
fragmentos de madera a la deriva.

HA INTENTADO SER TRAPECISTA EN MÁS DE UNA OCASIÓN.
Ha sentido la mano invisible
prohibiéndole lanzarse.
Le seduce el brillo de los rieles
y la basura que la gente va desechando.
Se detiene a unos pasos
al filo de la plataforma.
Extiende el cuello como garza
olfateando lejanías.
Ha querido ser brisa y saltar al vacío
sentir el paso del tren que se aproxima
acariciándolo.

CONDONES USADOS
sin saber quiénes fueron penetrados
en las escaleras
sin saber si lo disfrutaron
en el parque
sin saber si fue a la fuerza.
Acaso los mapaches fueron testigos
de a donde fue a parar el semen.
¿Se habrá convertido en fertilizante?
Y los rostros:
¿A quiénes pertenecen los falos invasores?

Verano

HA SIDO ATRAPADO COMO EL UNICORNIO.
Ha sentido las flechas
hundiéndose en su piel.
La sangre se ha derramado por sus piernas
creando el mismo recorrido del semen
después de los gemidos del cazador.

ENCIENDE VELAS A DIARIO
manzanas verdes para Buda
plegarias para las vírgenes.
Pide por el fin del verano
aunque todavía no comienza.
Necesita el regreso de la nieve
para aplacar los cuerpos
la chabacanería de los machos de la esquina
analizándolos
queriendo saber sus posiciones
a la hora de la cama.
Quiere convertirse en oso negro
habitante de los bosques neoyorquinos
para evitar el rugir feroz
de estos tigres
hambrientos
del roce de manos.

MARILYN IN MANHATTAN SE DICE A SÍ MISMO
Atrás han quedado los agitadores
de tiempos pasados.
Ha venido a buscar versos
y relatos de fantasmas
en la turbulenta adolescencia.
Son demasiados los Milton Greene
que han intentado moldearlo.
No es barro.
Es portador de susurros
templo de conversaciones
maleta que esconde la raíz
de la rubia que ha sido
y del sobreviviente.

LA CASONA DE LA ESQUINA
los observa desde su roca
en las alturas
escéptica de quienes son
adónde se dirigen
y qué es exactamente lo que esconden
en esa ciudad que no permite
ocultar mentiras.
En su interior encontró la tiniebla
que danzaba con su espalda
haciendo un reposo necesario
del culto a la algarabía.
Prefirió dialogar
con los espíritus holandeses
y la esclava cocinera
a tener que entregarle sus oídos
al cante de un Romeo sin Julieta.

POETAS ENLOQUECIDOS
por el dichoso exilio
exabruptos a la hora de la cena.
Evitar la cosa cubana
evitar a mujeres enloquecidas
evadir a los recién llegados
de cualquier isla.
Los espíritus se cansan de alertarlo
preocúpate por lo tuyo
ni un solo salvavidas lances más
a los que han decidido ahogarse
en su asfalto hirviente
desde sus ventanas sin vista
al Hudson.
Se ha refugiado en esta selva
pero no es guardabosques.
Imposible auxiliar a cada juglar
que asome su nariz
detrás de un libro abandonado
en los anaqueles polvorientos
de una difunta librería
de cualquier calle anónima.

EVITABAN SALIR
excepto cuando era inevitable la búsqueda de malanga
llamadas yautía por aquí.
Trazaban un plan.
¿Cómo llegar al destino necesario
sin tener que ser parte del panorama?
Caminaban al borde de los edificios
con ojos vendados
igual a los caballos
escapando de la llamarada
la noche que ardió Atlanta.
Lo peor siempre fue el regreso:
se enclaustraban en los bancos
de la estación de Dyckman
mirándose en silencio
exigiendo un contrataque
a sabiendas que no tenían alternativa.

Nunca encontraron soluciones efectivas
excepto aquel domingo de julio.
Tomaron el tren A
hasta la próxima estación
para regresar a través del verdor
del parque
convirtiéndose en versiones
menos heroicas
de cualquier fugitivo.

LOCALIZA LA CALLE BENNETT
a la altura correcta
donde vivía una poeta
que se lanzó del séptimo piso
en la soledad de una noche
mientras sus padres judíos
veraneaban en el balneario
de la ciudad
de la cual él ha intentado escapar.
Había agotado las lecciones
del Cábala
el estigma de ser la última amante femenina
de Ginsberg
y los intentos de amar a otras mujeres
rehúsas a usar sus verdaderos nombres.
Llamarla rebelde
sería reducir su pesar.
Un atropello
tan cruel como la avalancha
de su cuerpo pesado
atravesando la ventana con cerrojo
sirviéndole de pasadizo
hasta el patio interior
de esa vivienda que busca
en la calle Bennett.

SE LES HA EXTRAVIADO EL PAPEL DE BAÑO
no recuerdan
si fue al subir el autobús
repleto de sudorosos personajes
o en el trayecto a su casa
mientras llevaban
los tesoros adquiridos
de mercado en mercado:
el yogurt griego a centavos
las mazorcas de maíz orgánico
a dos por uno
y los catorce plátanos verdes
a uno noventa y nueve.
Se les ha extraviado el papel de baño
ahora debe ser parte de alguna familia
que amanece con Morir Soñando
mientras ellos rompen la alcancía
de Elegguá
para reemplazarlo.

DEBE RECUPERAR A LOS IRLANDESES
que huyeron de Inwood
y a esos que no pudieron marcharse.
Camina por la 204
tropieza con una pareja de ancianos
que decidieron permanecer
y lidiar con el tornasol que tomó sus calles.
Se detiene a observarlos
mantienen el rojizo en sus cabellos
parecen porcelana Bellek importada
aunque son visibles los remiendos.
Escurridizos devuelven su inquisitoria mirada
bajan la vista
recordando tiempos peores.
A unos pasos descubre un negocio
perteneciente a la misma familia
oriunda de Shannon.
Es buen augurio ir descubriendo a antiguos dueños.
En cualquier momento tendrán
un Father O'Brien en la iglesia de Isham
y el pub recién cerrado
volverá a abrir sus puertas
embriagándolos a todos
con cerveza O'Hara
junto a los verdosos duendes.

HERMANO MANUEL.
Ruega
pide un receso
un alto a los pensamientos
que venga la brisa de otoño
y el follaje
a calmar la humedad
alojada
en las mangas de tu camisa negra
la única que te hace lucir esbelto.
Oh Hermano Manuel oye sus plegarias
no le quites el verdor del Tryon
ni el caminar esquivando las plastas
que dejan los perros.
Quiere seguir buscando
su espacio en el barrio.
Todos lo observan de lejos
pero nadie se acerca.
Oye algún chiflido extraviado
un "ahí viene Ricky Martin"
y al borracho que grita en las madrugadas
pero tampoco es para él su serenata.

DESCUBRIÓ UN MAR QUE LO ALIVIA
con su agua helada y oscura.
Ya no se asombra.
Al sumergirse en sus profundidades
busca cura para sus males.
Reza a una Yemayá neoyorquina
para que se encargue
mientras
detalla las curvas de los parroquianos
que no conocen de complejos
ni falta de autoestima
ostentando cuerpos
fabricados en la antigua Rusia.
Llevan a la orilla
sus *Pirozhki* o *Pirogi*
acompañado de té
para festejar el verano.
Toma nota de los fines de semana
restantes
para volver a la playa de Brighton
donde ha ido encontrando un respiro
y recordando las pláticas de Elena
reina de pasadas noches
en un Moscú
que nunca conocerá.

Otoño

Y SI UNA NOCHE DE OTOÑO
durmiera en el banco del vagabundo.
Y si le robara su manta de estrellas
usurpando
su puesto de vigilante.
Le cambiaría su lado de la cama
que no suena
las sábanas blancas
y los ronquidos de su amante
por ese banco incómodo suyo
con vistas a los Claustros.

EL NIÑO DE PRAGA FINALMENTE HA LLEGADO.
Lo observa desde el librero.
Viste capa color naranja
y túnica cremosa de seda
ambas planchadas con cuidado
por la misma poeta
que lo ha traído a su puerta.
Antes de marcharse cada mañana
le pide un milagro
le pide que todo tenga un porqué
una explicación lógica
para estos tiempos.

UNO...
Le muestra a la cantante
habla de sus curvas
y sus dotes histriónicos
pero él prefiere que le toque la rodilla
y deslice su mano un poco más al norte
Nostalgias...
Despliega sus piernas como abanico
vuelve a tocarse el bulto
que ahora crece.
Volver...
y es un soplo la vida
le dice cerrando el ordenador.
De reojo observa cómo se acomoda
el que ha despertado
con tangos
y la ausencia de su interés.

COMPRA EL AGUA EN LA ESQUINA
la comida no la calienta
aunque sea cocido madrileño.
Evita cualquier contacto
con los dioses del treinta cuatro piso
ni hablar del treinta y cinco
con elevador privado.
Desde el treinta y tres
rodeado de arpías
y dos hombres casados
pone en práctica
su rutina de seductor.
Cuando los tenga dorados
tipo filete de mero al sartén
clavará el tenedor
que esconde
en el pie enfermo
y los observará desangrar.

LA HORA DIFÍCIL HA DEJADO DE SER
la madrugada
y el constante conversar
de espíritus.
Ha sido relevada por
la agonía de la hora
del almuerzo entre semana.
De doce a una inventa
quehaceres con su soledad.
Sin apetito camina las calles
en busca de un lugar idóneo
para esconderse
aunque la comida sea pésima
y eleve su azúcar
a niveles exorbitantes.
Ha ido refugiándose
en lo habitual:
un McDonald's
en una estrecha mesa
entre dos argentinas
quejándose de la ensalada
y una mujer que mientras masticaba
las venenosas papas fritas
contaba por teléfono:
"tengo Lupus".
Buscó otro sitio
intentó sentarse en los bancos
de una iglesia
pero un cartel anunciaba
su cierre por falta
de presupuesto.

Se ha convertido en obsesión
sentirse adecuado
masticar las veces necesarias
y regresar a su prisión
diseñada por su antojo
de *Corporate America*.
No ha vuelto al Dunkin' Donuts
y sus mesas sucias
con residuos de otros solitarios.
Tampoco ha querido regresar
al negocio de la esquina
porque sabe que el lox
sería una tentación
pero no respira entre tanto
joven con zapato puntiagudo.
Quizá su destino
se encuentre en la oscuridad
del pub irlandés
su menú diario de cinco dólares
y la sombra que lo acompaña
en su mesa designada
para un comensal.

LA SEÑORA VECINA
de cierta edad
que no dudan sea respetable
aunque le han visto
sus tesoros
desbordándose
de ajustadores rosas
y azabaches
en más de una ocasión.
Adicta empedernida
a la ventana
ha demostrado sus dotes
de artista performática.
Desde su tribuna:
recoge una vasija oxidada
se levanta el vestido
de un lado
orina
con ojos cerrados
mientras el Idilio de Willy
le sirve de banda sonora
y ellos se han convertido
en público sin aplausos.

CÓMO NO QUERER QUE ESOS CUERPOS
se amontonen sobre él
y lo rocen
con sus penes danzantes
cuando se aferra al tubo
en el metro infectado por legionario
y otros males no cubiertos por la prensa.
Imposible no detenerse
a observar
los músculos en brazos fornidos
y oscuros como el café.
Aparenta ser un molino de viento
girando la mirada
por el vagón
buscando un cómplice.
Cualquier extraño que le devuelva una mirada.

EL BRUJO LE ADVIRTIÓ
de un neoyorquino con semblante grisáceo
padre de dos hijos
y una esposa aburrida.
Su carta del tarot mostró
el peligro de caer en la trampa
de arrodillarse
a complacerle antojos.
Antojos relegados
por años a desconocidos
habitantes en la madrugada
de los parques.
El brujo le habló del hombre
y su lenguaje extraño
de un inesperado encuentro
del idilio que florecerá.
Impaciente lo busca
pero no logra encontrarlo:
en el rostro cenizo de un gigante
acechando sus manos
en la sonrisa tenue de un filipino
intentando seducirlo
y en la dulzura comedida
de un hombre triste
con secuelas monstruosas
de un acné juvenil.

La rutina también logra situarse
en esta ciudad de estreno.
Dobla la misma esquina
todas las tardes
a una hora exacta.
Nunca se detiene en el tumulto
de las tiendas
ni toma una copa
y mucho menos conversa
con extraños.
Va y viene escurridizo
cargando el peso de la culpa
fotografiando su paso
para un recuento futuro.
El silencio es parte clave
de la rutina.
Heredero fiel del desánimo.

LE LLAMARON "PATO" A LOS CUARENTA Y SIETE AÑOS
en una esquina del Alto Manhattan
mientras esquivaba insinuaciones de machos caribeños
heterosexuales
hasta la caída del sol.

Se posesionan estratégicamente en bancos
del Fort Tryon Park al atardecer
hambrientos de caricias clandestinas
por otros hombres
a los que solo llaman "pato" a la luz del día
y de lejos
para que no reconozcan sus rostros
de la noche anterior.

TODOS QUIEREN SABER CÓMO LES VA
están repletos de preguntas:
si están contentos
si tienen trabajos dignos.
Él… carente de pasión
merodeando miradas
que nunca se bajan
en su misma estación.
Ni tan siquiera se devuelve
a observarlos
se alejan con sus muecas fingidas
barcas de placer instantáneo.
Estaría dispuesto
a recibir un suministro de caricias
en un gotero
de la mano de cualquiera.

Invierno

LA PRIMERA Y ÚNICA REAL GANADORA DEL PREMIO
espera en la esquina de la Nagle
con diminuta libreta
y un lápiz que heredó
de un pariente lejano
biógrafo de la Madre Cabrini.
Camina con un recién llegado
por estas calles sucias
que ahora deben cuidar
y embellecer con la palabra.
Sus personajes habitan
en la selva amazónica
y en otras de cemento.
Pueden ser la monja sorda
un teatrista magistral
que se despidió antes de tiempo
una china cubana
o un hombre que cocina el couscous
a la perfección.
Aparece en el verdor del parque
con un rubí
engalanando su dedo
que apunta hacia el rojo similar
del cardenal que revoletea sobre
sus cabezas de poetas
de emigrantes desplazados
hijos de revoluciones fallidas.

Bosteza en el tren
sueña con un libro de lobos
y una voz que va leyéndolo

en el vagón de regreso
porque han ido y vuelto
en más de una ocasión.
¡Ay Santa Tecla protégela!
Protégelos del Caribe
y su calor.

DOS ARMARIOS SEPARADOS PARA EL MATRIMONIO.
Una pared los divide.
El hedor de perros abusados
impregnado en la ropa.
Ropa destinada para otro clima
zapatos que no funcionan
en aceras magulladas por el hielo negro.
Dos armarios separados para el matrimonio
imitando la trinchera dinamitada
que los separa
noche tras noche.

HAN HABLADO LOS ESPÍRITUS
alertan sobre la salud
del poeta que viaja con orejeras
y escala la loma de la calle Bennett
intentando conectarse
con la poeta judía
que se lanzó al vacío.
No logra hacer la conexión
se le traba la lengua
en el zipper de los pantalones
de los machos caribeños
de los ortodoxos judíos
y de los americanos
—blancos o negros—
No discrimina edad
ni apariencia.
Todos pueden ofrecer
el minuto de placer necesario.
La peor enfermedad:
es no sentirse deseado.

DESDE EL OTRO LADO DEL RÍO
observó la ciudad majestuosa
sus grises
a través de una neblina densa
y su sonrisa callada.
Imaginó que danzaba sobre las aguas
aunque el cartel anunciaba
lo peligroso de su corriente.
Quiso permanecer en esa orilla
mudarse a Hoboken al instante
al igual que el día anterior
cuando quiso mudarse a Riverdale
y el anterior
a un jardín en el infierno.

SEÑOR DESAMPARADO
envidio su coraje
el garrafón de agua
que protege su cabeza
y la manta azul cielo
que lo cubre de las miradas
de envidiosos
que cuestionan su libertad.
Recuerdo los vellos que se asoman
de su pantalón gris
con más de cien días sin lavar
y sus botas negras de rockero.
Señor excúseme
¿le importaría
si me siento a su lado
en silencio
a ver el invierno pasar?

DICEN QUE ERA UNA APARICIÓN
un caballero vestido de negro
con capa y bastón
poeta
amante de luminarias
tormenta hispánica
en la época de oro.
Esta mañana fue a conocerla.
Callado va
tímido como las gardenias
pestañea
su mirada esquelética lo penetra.
Mantiene su presencia
en secreto
se deposita sobre su lápida
extiende los brazos
y así se despide para siempre
de Mercedes de Acosta
o como la llamaban entonces:
that furious lesbian.

EN LA MAÑANA
en el vagón sin respiro
una mujer les ofreció un discurso
quería salvarlos del diablo
del billonario
y su pelo color maíz seco.
Seco como su cerebro.
De los Gays
y sus bodas ostentosas.
De la blanquitud del presidente negro
y de la poderosa primera dama.
La diminuta mujer con vozarrón
quería salvarlos
hoy viernes
a las siete de la mañana.
En la tarde
no tuvo la misma suerte
un señor cincuentón
también ofreció discurso
él no tenía
la intención de salvarlos.
Vociferó por todo el tren:
odio mis 51 años
odio mi color
odio los celulares
y odio este tren.

NO FUMA.
No se inyecta.
No consume tomate.
El sexo oral ha sido limitado
a un cliente permanente.
No se disfraza para leer poemas
detesta las corbatas
le recuerdan a políticos
con sus falsas promesas
y las pajaritas multicolores
se ven mejor en el cuello de otros.
Evade las portañuelas
de extraños
que danzan al alcance
de su vista.
Los evita cada mañana
enfrascado en lecturas
sudando excesos
hasta la parada treinta y cuatro.
No cita a Lezama   ni a Eliseo
ya demasiados otros lo hacen.
Ha tomado el camino más difícil.

EL AGUA CALIENTE NO SIEMPRE APARECE
convirtiéndote en escarcha.
El calentador lanza un zumbido
espantando a la gata
y casi nunca funciona a la hora adecuada.
Dice él que lo maneja
que los judíos solo le permiten ponerlo
a menos de 50 grados.
Quien le puede explicar eso a la gata
cuando sus orejitas están congeladas.

TODOS LOS DÍAS SE ALZAN ALTARES POR EL BARRIO
velas blancas
coronas de flores
dulces para la difunta.
Un gran cartel con su foto de quince
con la sonrisa que había desaparecido.
Nadie habla
de las palizas recibidas en la madrugada
de sus gritos
del ruido almacenado.
Sacan sus muebles a la acera.
Para hacerle culto a la muerta
se emborrachan.
Tantos altares en las calles
y nadie se detiene a salvar
un perro.

LA DUEÑA DE LAS VENTANAS
es experta en miradas
habla con pájaros sobre ellos
es portadora de secretos.
Encuentra migajas de pan
entre las sábanas
recuerda cada palabra que hablan
los inunda con sus quejas
cuando están solos.
Sabe de canciones y poemas
y prefiere galletas de soda
a las dulces.
En la madrugada los protege
de los gritos del vecino
de la bachata que no reposa.
Es dueña de todas las ventanas
de las sillas azules
infectadas con crin de caballo
del sofá rojo y sus cojines de Frida
del Niño de Praga en sedas
regalo de una poeta
de Lizarda
que llegó arropada
en libros de una Hermana.
Despierta todos los días a la misma hora.
Edifica una vereda entre los dos
anunciando el nuevo amanecer.
Es dueña de su soledad
acentuada en invierno
por el frío temible
sin calefacción.

EL VERANO SE ACABÓ TARDE
un octubre.
Cerró su ventana
para evitar a los inquisidores.
Hizo comunión con el drogadicto
del parque.
Supo lo que es superar una adición.
Descubrió a una familia
que todavía baila.
Le presentaron la Derrota de Cadenas.
Quedó hambriento
anda mareado en busca de más.
Ha descubierto la lengua amarrada
que yace en el caldero
de un hombre que pretende ser
María Félix.
Entrega su cariño a poetas
que se encierran
y no estrictamente para el invierno.
Escribe con urgencia las memorias
antes de que sean sepultadas
y se pierdan pedazos al hacerlo.

Los cuervos del trópico
esperan pacientemente el minuto
para repartirle picotazos por sus suicidios.
Nada le sorprende.
Se aproxima el gris invernal
desafiante
no tiene respuestas
ha dejado la carga en los bancos

de la iglesia San Francisco de Asís
al lado del desamparado
que sueña con el regreso del verano.

LAS SOMBRAS NO SABEN DE HORARIOS
ni de sitios idílicos.
Puedes estar paseando
por el Jardín Botánico de Brooklyn
imaginándose
un encuentro con Whitman
o visualizando los cerezos florecidos.
Aparece una sombra:
usa lentes de botella
risa diabólica
y colgante de muñequitas preparadas
para el *voodoo*.
La espanta con silencio
y sigue bordeando el estanque
observando la danza
que los koi hacen para él.
Por la vereda tropieza con una pareja
forrada en negro
perfumados de salsa de rábano.
Estos no son sombras todavía.
Se sienta en un banco de cemento frío
a esperar
a contemplar los rostros
a ver como los cambios de clima
confunden a árboles y animales.

Otra le roza la espalda
con falda vaporosa
y corona de plata.
La ubica de inmediato
su resplandor lo ciega

Los días de Ellwood

no es una sombra común
es una diosa
portadora de versos
encargada de barrer la penumbra.
Le devuelve la sonrisa.
Le silba al oído
aquella melancolía que cantaron
juntos
intentando espantar la muerte.
Sombra impertinente
que se la llevó.

UN AÑO DESPROVISTO
de palabras.
Temor
a mirarse a los ojos.
Absoluto el blanco
de las paredes
y la nieve.
Comienzo rocoso
pisos de madera sin pulir
el hedor que dejaron atrás
cuatro perros abusados
impregnado
en las paredes del clóset.
Asistir a lecturas
tropezar con conocidos
que ellos creían amigos
y recibir un virón de cara.
Ir y venir
fotografiando
desconocidos
árboles en esplendor
y ardillas que se detienen
a su paso
guiñándoles el ojo
adivinando
sus secretos.

Lo peor de esos días
en Ellwood
ha sido comparar
el desbalance entre los dos.

Él queriendo tomar
té de Oolong
para olvidar de dónde viene
y su cómplice
necesitando regresar.

Reconoce la vejez en sus piernas
la delgadez es similar
a las de su padre.
Busca y no puede encontrar
los muslos rollizos
de una vida entera.
En el baño se mira al espejo
alza los brazos velludos
banderas en júbilo
dando la bienvenida
al valiente que se atreva.
Despeinado
claros en un campo reseco
pinceladas de un blanco
impaciente.
Talle abajo
dos carreteras zigzagueantes
o la rotonda del Guggenheim
reclamando espacios.
En la maleza del bosque
cobijado por los bambúes
yace Shusaku Endo
herido cada siete días
desechado
cubierto de otro blanco
que no es la frescura de la nieve.

Hablar del tic-tac interior
sería desgastar el respiro
que lento se extingue.
¿A quién podrá interesarle tocar a un hombre en ruina?

Acerca del autor

Manuel Adrían López nació en Morón, Cuba, en 1969. Es poeta y narrador. Su obra ha sido publicada en varias revistas literarias de España, Estados Unidos y Latinoamérica. Tiene publicados los libros de poesía: *Yo, el arquero aquel* (West Palm Beach, 2011), *Los poetas nunca pecan demasiado* (Madrid, 2013. Medalla de Oro en los Florida Book Awards, 2013), *Muestrario de un vidente* (Salvador, 2016), *Fragmentos de un deceso/El revés en el espejo*, libro en conjunto con el poeta ecuatoriano David Sánchez Santillán para la colección Dos Alas (Quito, 2017), *El arte de perder / The Art of Losing* (Miami, 2017), *El hombre incompleto* (Pinar del Río/Miami, 2017), *Los días de Ellwood* (New York, 2018) y *Un juego que nadie ve* (Madrid, 2019).

En narrativa tiene publicado los libros: *Room at the Top* (Miami, 2013), *El barro se subleva* (Miami, 2014) y *Temporada para suicidios* (Miami, 2015).

Su poesía ha sido incluida en diferentes antologías: *La luna en verso* (Ediciones El Torno Gráfico, 2013), *Todo Parecía, Poesía cubana contemporánea de temas Gay y lésbicos* (Ediciones La Mirada, 2015), *Voces de América Latina Volumen II* (Media Isla Ediciones, 2016), *NO RESIGNACIÓN. Poetas del mundo por la no violencia contra la mujer* (Ayuntamiento de Salamanca, 2016) y *Antología Paralelo Cero 2017* (El Ángel Editor, 2017)

ÍNDICE

Los días de Ellwood

En un antiguo bosque habita el poeta · 11

Primavera

Una brisa sutil le rozó el hombro · 19
Quiere flotar como el Hudson · 20
Habita aceras · 21
Todos llevan sus respectivas máscaras · 22
En el túnel de la 190 danzan espíritus · 23
Mantienen la penumbra allí dentro · 24
Tres ventanas a la izquierda · 25
Nunca ha sido recibido por topos · 26
Las pesadillas se han convertido en realidad · 27
Cuestiona su presencia · 28
Asesinan con la destreza · 29
Existe un camino curvo · 30
Quiso ser neblina una mañana · 31
Ha intentado ser trapecista en más de una ocasión · 32
Condones usados · 33

Verano

Ha sido atrapado como el unicornio · 37
Enciende velas a diario · 38
Marilyn in Manhattan se dice a sí mismo · 39
La casona de la esquina · 40
Poetas enloquecidos · 41
Evitaban salir · 42

Localiza la calle Bennett · 43
Se les ha exraviado el papel de baño · 44
Debe recuperar a los irlandeses · 45
Hermano Manuel · 46
Descubrió un mar que lo alivia · 47

Otoño

Y si una noche de otoño · 51
El Niño de Praga finalmente ha llegado · 52
Uno… · 53
Compra el agua en la esquina · 54
La hora difícil ha dejado de ser · 55
La señora vecina · 57
Cómo no querer que esos cuerpos · 58
El brujo le advirtió · 59
La rutina también logra situarse · 60
Le llamaron "pato" a los cuarenta y siete años · 61
Todos quieren saber cómo les va · 62

Invierno

La primera y única real ganadora del premio · 67
Dos armarios separados para el matrimonio · 69
Han hablado los espíritus · 70
Desde el otro lado del río · 71
Señor desamparado · 72
Dicen que era una aparición · 73
En la mañana · 74
No fuma · 75
El agua caliente no siempre aparece · 76
Todos los días se alzan altares por el barrio · 77
La dueña de las ventanas · 78
El verano se acabó tarde · 79

Las sombras no saben de horarios • 81
Un año desprovisto • 83
Reconoce la vejez en sus piernas • 85
Acerca del autor • 91

Colección
MUSEO SALVAJE
Poesía latinoamericana
(Homenaje a Olga Orozco)

1
La imperfección del deseo
Adrián Cadavid

2
La sal de la locura / Le Sel de la folie
Fredy Yezzed

3
El idioma de los parques / The Language of the Parks
Marisa Russo

4
Los días de Ellwood
Manuel Adrián López

5
Los dictados del mar
William Velásquez Vásquez

6
Paisaje nihilista
Susan Campos Fonseca

7
La doncella sin manos
Magdalena Camargo Lemieszek

8
Disidencia
Katherine Medina Rondón

9
Danza de cuatro brazos
Silvia Siller

10
Carta de las mujeres de este país / *Letter from the Women of this Country*
Fredy Yezzed

11
El año de la necesidad
Juan Carlos Olivas

12
El país de las palabras rotas / *The Land of Broken Words*
Juan Esteban Londoño

13
Versos vagabundos
Milton Fernández

14
Cerrar una ciudad
Santiago Grijalva

15
El rumor de las cosas
Linda Morales Caballero

16
La canción que me salva / *The Song that Saves Me*
Sergio Geese

17
El nombre del alba
Juan Suárez

18
Tarde en Manhattan
Karla Coreas

19
Un cuerpo negro / *A Black Body*
Lubi Prates

20
Sin lengua y otras imposibilidades dramáticas
Ely Rosa Zamora

21
*El diario inédito del filósofo vienés Ludwig Wittgenstein /
Le Journal Inédit Du Philosophe Viennois Ludwig Wittgenstein*
Fredy Yezzed

22
El rastro de la grulla / The Crane's Trail
Monthia Sancho

23
Un árbol cruza la ciudad / A Tree Crossing The City
Miguel Ángel Zapata

24
Las semillas del Muntú
Ashanti Dinah

25
Paracaidistas de Checoslovaquia
Eduardo Bechara Navratilova

26
Este permanecer en la tierra
Angélica Hoyos Guzmán

27
Tocadiscos
William Velásquez

28
*De como las aves pronuncian su dalia frente al cardo /
How the Birds Pronounce Their Dahlia Facing the Thistle*
Francisco Trejo

Colección
TRÁNSITO DE FUEGO
Poesía centroamericana y mexicana
(Homenaje a Eunice Odio)

1
41 meses en pausa
Rebeca Bolaños Cubillo

2
La infancia es una película de culto
Dennis Ávila

3
Luces
Marianela Tortós Albán

4
La voz que duerme entre las piedras
Luis Esteban Rodríguez Romero

5
Solo
César Angulo Navarro

6
Échele miel
Cristopher Montero Corrales

7
La quinta esquina del cuadrilátero
Paola Valverde

8
El diablo vuelve a casa
Marco Aguilar

9
El diablo vuelve a casa
Randall Roque

10
Intimidades / Intimacies
Odeth Osorio Orduña

Colección
SOBREVIVO
Poesía social
(Homenaje a Claribel Alegría)

1
#@nicaragüita
María Palitachi

***

Colección
CRUZANDO EL AGUA
Poesía traducida al español
(Homenaje a Sylvia Plath)

1
The Moon in the Cusp of My Hand /
La luna en la cúspide de mi mano
Lola Koundakjian

Colección
MUNDO DEL REVÉS
Poesía infantil
(Homenaje a María Elena Walsh)

1
Amor completo como un esqueleto
Minor Arias Uva

2
Del libro de cuentos inventados por mamá
La joven ombú
Marisa Russo

***

Colección
PARED CONTIGUA
Poesía española
(Homenaje a María Victoria Atencia)

1
La orilla libre / The Free Shore
Pedro Larrea

2
No eres nadie hasta que te disparan /
You are nobody until you get shot
Rafael Soler

Colección
PIEDRA DE LA LOCURA
Antologías personales
(Homenaje a Alejandra Pizarnik)

1
Colección Particular
Juan Carlos Olivas

2
Kafka en la aldea de la hipnosis
Javier Alvarado

3
Memoria incendiada
Homero Carvalho Oliva

4
Ritual de la memoria
Waldo Leyva

5
Poemas del reencuentro
Julieta Dobles

6
El fuego azul de los inviernos
Xavier Oquendo Troncoso

7
Hipótesis del sueño
Miguel Falquez Certain

8
Una brisa, una vez
Ricardo Yañez

9
Sumario de los ciegos
Francisco Trejo

10
A cada bosque sus hojas al viento
Hugo Mujica

Colección
LABIOS EN LLAMAS
Poesía emergente
(Homenaje a Lydia Dávila)

1
Fiesta equivocada
Lucía Carvalho

2
Entropías
Byron Ramírez Agüero

3
Reposo entre agujas
Daniel Araya Tortós

Colección
LOS PATIOS DEL TIGRE
Nuevas raíces – Nuevos maestros
(Homenaje a Miguel Ángel Bustos)

1
Fragmentos Fantásticos
Miguel Ángel Bustos

2
En este asombro, en este llueve
Antología poética 1983-2016
Hugo Mujica

3
Bostezo de mosca azul
Álvaro Miranda

Para los que piensan, como Waldo Leyva, que "la palabra ha llegado al extremo de la perfeción", este libro se terminó de imprimir en junio de 2020 en los Estados Unidos de América.

www.ingramcontent.com/pod-product-compliance
Lightning Source LLC
LaVergne TN
LVHW041341080426
835512LV00006B/557